voyages

aux fêtes de kapurthala

par

francis de croisset

éditions kra paris

voyages

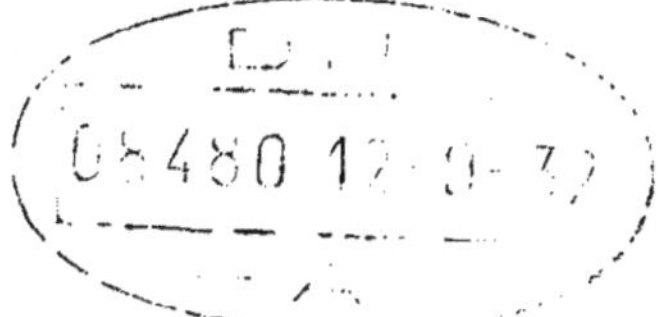

aux fêtes de kapurthala

par

francis de croisset

éditions kra, rue rodier, 56, paris
Édition originale.

IL A ÉTÉ TIRÉ DE CET OUVRAGE

50 EXEMPLAIRES SUR PAPIER DE HOLLANDE
PANNEKOEK NUMÉROTÉS DE I A 50

ET 950 EXEMPLAIRES SUR VÉLIN OUTHENIN-
CHALANDRE NUMÉROTÉS DE 51 A 1.000

LE TOUT CONSTITUANT L'ÉDITION ORIGINALE

EXCEPTIONNELLEMENT IL A ÉTÉ TIRÉ
24 EXEMPLAIRES SUR JAPON NUMÉROTÉS DE I A XXIV
ET 24 EXEMPLAIRES SUR VÉLIN OUTHENIN-CHALANDRE
NUMÉROTÉS DE XXV A XLVIII TIRÉS SPÉCIALEMENT
POUR LE MAHARADJAH DE KAPURTHALA.

EXEMPLAIRE N°

J'adore mon train. L'on pourrait dire du wagon hindou ce que Mérimée, je crois, disait de l'amour : « L'amour est comme une auberge espagnole, on n'y trouve que ce que l'on y apporte. » Mais une fois les matelas installés, la « planche du prisonnier », large comme un lit, est confortable. Il y a des puces et je sais qu'il y en aura toujours, mais je suis décidé à me dire qu'il n'y en a pas : ce que l'on nie n'existe plus.

Je ne croyais pas que l'on pût à la

fois dormir aussi mal et se reposer aussi bien. Vingt stations, dans la nuit, me réveillent, mais vingt fois je me rendors. A chaque station, des voix dolentes, traînantes et jeunes, chantent, sur un ton de mélopée barbare : « Tchaa-Garam! » ce qui veut dire thé bouillant ou eau sucrée, je ne sais plus au juste. Mais c'est tellement plus joli qu' « oreillers! couvertures »!

Une ouverture dans la cloison de mon wagon, communique avec une cage à lapins. C'est là que mon boy mange, dort, fume et chique du bétel. Je crois qu'il est jeune, mais il est tellement maigre que cela ne se voit plus, maigre de cette maigreur que réussissent seuls les hommes ou les animaux hindous. Il porte un turban, mais un veston européen. Son caleçon bouffant s'arrête sur un os brun : son mollet. Il a un teint faisandé, des yeux d'antilope et une bosse sur le front qui n'est pas accidentelle. Je n'ose pas lui demander ce que c'est. J'essaie de ne pas la voir!

Il s'appelle Barindirisaru. Il parle, d'une voix rauque, un anglais essoufflé. Il a été chrétien pendant deux ans, au service d'un clergyman. Il tire volontiers de son caleçon d'innommables chiffons de papier qui sont ses certificats. Ses doigts et ses ongles sont teints au henné. Son approche me soulève le cœur, mais jamais mes souliers n'ont été mieux faits, ni mes vêtements mieux tenus.

***

La beauté des environs de Bombay dure un jour. Le lendemain, c'est fini. Ce sont des déserts, la jungle rase, la jungle courte, rêche. Le train roule dans une brosse à cheveux.

Parfois, des troupeaux de gazelles. On les voit toujours arrêtées, le cou renversé et vous regardant par-dessus leur épaule : les mêmes depuis la préhistoire. Elles font très « âge des cavernes ». Des bandes d'oiseaux, que le train déplace sans les effrayer, se soulèvent et retombent, lourdes et opaques comme des vagues. De temps en temps, un bison goitreux aux cornes peintes indique qu'un coin de brousse est labouré.

Une grande monotonie. Un ennui lent, un ennui sourd pénètre dans le wagon avec la poussière. Le visage, les mains, le corps sont tout blancs de cette poudre, et l'âme est toute grise d'ennui. Mais cet ennui me berce. Il a une douceur toxique. Il produit sur moi le même effet que « Tchaa-Garam ! » Cet ennui-là fait partie de la distraction du voyage.

Une journée encore, une longue journée morne, apaisée, douce, et dont, le soir, la torpeur se change insensiblement en sommeil. Pas d'autre distraction que les quais colorés des petites gares où grouillent, au ras du sol, des familles accroupies.

Quand, avec sa marmaille, une famille hindoue entreprend un voyage, elle se rend tout d'abord à la gare, y campe, déballe sa cuisine, étire pour la nuit ses maigres couvertures, puis s'informe du jour où passe la «voiture à feu».

Mon train stoppe à l'heure d'un repas. Tout le dîner tient dans une vieille boîte à conserves anglaises. La mère, assise dans ses voiles, pose par terre des feuilles de salade qui servent d'assiettes. Les femmes font la cuisine, les hommes mangent. Personne ne sourit. Une petite casserole bout sur un feu de racines. Quand les mâles sont repus, ils relèvent le col élimé de leur veston, se masquent les yeux du bout de leur turban, s'allongent et dorment. Alors, la mère et les filles dînent à leur tour.

Elles rangent ensuite les feuilles de salade dans la boîte à conserves, chassent les chiens efflanqués qui lèchent sur la poussière une odeur de mangeaille, puis enferment la bouillotte et la boîte à conserves dans un bidon à essence : le garde-manger. Avec un bout d'écorce, elles se frottent les dents sous leur voile, se rincent la bouche et crachent sur le sol où elles dormiront ; enfin, harassées, avec une lassitude de bêtes de somme, elles se renversent, s'allongent et oublient.

Je ne me lasse pas de regarder les tout petits. Ils sont nus, avec des crânes tondus, de pauvres visages émaciés que des yeux immenses éclairent d'un feu sombre. Ils ne sourient pas, ils ne savent pas encore, ils ne sauront jamais. A quoi rêvent ces regards puérils qui expriment déjà toute la détresse d'être au monde?

L'ARRIVÉE

Dans dix minutes, nous arrivons à la gare de Jullundur qui, à Kapurthala, dessert le palais. Mon boy, qui m'en fait l'annonce, pousse le volet de la cloison en criant qu'il est quatre heures du matin et qu'il faut me lever. J'obéis, révolté.

L'un après l'un, je fais jouer à la portière les trois écrans qui me défendent : la vitre, le treillage, puis le volet. Aussitôt, la nuit glacée me saute au visage, avec ses myriades d'étoiles. Un arrêt brusque : Jullundur!

Sur le quai de la gare, une mince silhouette qu'encadrent deux ombres martiales. C'est un aide de camp du Maharajah, un jeune capitaine. Il porte le turban hermétique de Kapurthala qui, contrairement à la mode rajpute, ne laisse pas flotter sa frange. Des soldats s'emparent de mes bagages. Un serviteur me tend un plateau où fume une tasse de thé. A quelques mètres, des moteurs se mettent en marche.

L'auto, une auto française, file dans la nuit. Renversé dans les coussins de la plus moderne des limousines, j'ai peine à m'imaginer que nous sommes au centre de l'Inde, à deux nuits par le train de Bénarès, et à quarante-huit heures de la frontière d'Afghanistan. Malgré moi, à travers la vitre, je cherche un paysage quotidien. Mais les phares violents font surgir de l'ombre des bœufs bossus qu'un sombre conducteur anime de son aiguillon, un chameau matinal qui balance un cavalier et, parfois, une hyène ou un chacal épouvantés.

Un ordre bref. Le bruit claquant de sentinelles au garde-à-vous. Puis un crissement de gravier.

— Nous entrons dans le parc, me dit en excellent français le capitaine.

Je baisse la vitre, mais je ne vois que la nuit tenace avec son peuple d'étoiles. L'auto, au bout d'une dizaine de minutes, vire et stoppe devant un pavillon qu'à peine quelques mètres, paraît-il, séparent du palais. Aussitôt, un perron s'éclaire qu'envahissent des serviteurs en robes blanches.

Dans le « living-room », devant un feu de bois, un « breakfast » servi à l'anglaise.

Comme je me lève pour gagner ma chambre, la large fenêtre du salon blanchit.

— Le jour, me dit le capitaine.

Je me précipite au dehors. Au-dessus de ma tête, c'est toujours le dôme noir chargé d'astres, mais à l'horizon le jour « prend ». Dans le parc où les arbres, les buissons, les pelouses gardent leur mystère, les fleurs plus claires ont apparu.

Déjà l'annonce du soleil dans le ciel prévenu éclaire d'un feu rose de vastes terrasses, de nobles marches de pierre, de hautes fenêtres au pur dessin, et soudain, sous la lumière triomphante, émergent les avenues, les buis taillés et les fontaines de jardins à la française.

Pourtant, il y a vingt ans, l'on ne voyait là que des ronces, des marécages et des cailloux. Seul l'amour fait de tels miracles. Précoce et mystérieux amour qui toucha à cinq ans, dans un vieux palais de l'Inde, un enfant royal et gardé, et que le cœur du Maharajah, à travers tant d'obstacles, de distance et d'années, a voué au beau visage de la France.

LE PROCONSUL IMPÉRIAL

Sur le quai de la petite gare tendue de pourpre et gonflée de drapeaux, le Maharajah et ses cinq fils attendent, hiératiques. Derrière eux, les personnages de la cour guettent le train du vice-roi des Indes. Tous, dans leurs robes lamées d'or et sous leurs turbans éclatants, brillent comme de gigantesques scarabées.

Soudain, le train blanc apparaît, luisant et verni comme une Rolls.

Un casque beige à la main, un grand

homme jeune en redingote grise est descendu trois marches de velours pourpre. Rouges et or, deux blonds aides de camp qui ont deux mètres l'encadrent. Soudain, les Hindous sont tout petits.

La musique joue l'air national britannique, tandis que, précédé de ses officiers, accompagné du Maharajah et des princes, et suivi d'une garde rutilante, le second souverain du monde passe en revue la garde indigène dont les yeux noirs croisent leurs flèches sombres avec le clair regard d'acier.

Au sortir de la gare, le vice-roi monte dans une voiture à la Daumont. A cheval, la garde bleue et blanche, sabre au clair, miroite et prend le trot.

Une auto, par un raccourci, me mène au palais en quelques minutes. Sur son passage, des indigènes saluent en balançant deux ou trois fois leurs mains jointes comme pour un geste de prière. Tout est religieux aux Indes, même la politesse.

Voici le palais. Mais qui donc, entre

les lauriers-roses des perrons, et là-haut, sur les terrasses, a lâché ces ballons de couleur? Nous approchons : ce ne sont pas des ballons, mais bien, couronnant leurs têtes sombres, tous les turbans enflammés des hauts dignitaires de la Cour.

Une sonnerie de clairon. Des coups de canon : le vice-roi arrive. Devant le palais, la cour d'honneur offre ce vide impatient des terrains d'atterrissage.

LE VIEUX SERVITEUR

Sous des milliers de lampes de couleur, le palais, ce soir, flambe comme Broadway. Chaque arbre du parc prend feu et devient un arbre de Noël. Sous les feux de bengale, les buis taillés ont l'air de murailles d'émeraude. Dans les gazons noirs, les touffes d'hortensias oublient des bouquets de mariées. Mais là-bas, fermant une allée à la française, un grand éléphant immobile. Son harpon d'argent sur les genoux, le jeune cornac sommeille devant le palanquin d'or massif.

C'est le plus vieil éléphant du palais : on dit qu'il a passé un siècle. Il y a cinquante ans, traversant la ville pavoisée, il a porté, plus haut que les toits en terrasses, un jeune orphelin royal que l'on venait de couronner. C'est encore lui qui, dans quelques jours, transporportera, solennel, de son large pas onctueux, le Maharajah vers le Durbar. Il quittera le palais moderne que ses petits yeux ont vu bâtir pour le vieux palais rose, alourdi de vautours, où son maître qu'il aime est né.

Pour l'instant, debout entre deux arbres qu'il dépasse, il regarde, balançant sa trompe, les jardins qu'il vit grandir. On l'a peint comme il y a cinquante ans, de vermillon, d'ocre et d'amarante. De lourdes chaînes d'or coulent de ses épaules. A ses mouvantes oreilles d'ardoise, qui ont inventé la « pankha », scintillent les pierres sacrées. Surmonté de sa pagode d'or, peint comme une idole et constellé d'ornements, il surgit, dans ce jardin à la française, comme un grand temple bouddhique.

J'erre dans le parc lumineux où les fusées du feu d'artifice lancent des étoiles nouvelles dans le ciel déjà encombré.

Les lumières du palais luttent avec les feux de bengale. Ses fenêtres resplendissent comme des strophes d'Hugo. J'aperçois la haute silhouette du vice-roi devant qui des ombres éblouissantes s'inclinent.

Mais en vain j'ai déserté les salons : ici encore, mon habit noir insulte à la splendeur des choses.

ENTR'ACTE

Les banquets solennels et les divertissements protocolaires des fêtes anglaises ont pris fin. Son Excellence et sa suite ont regagné le brillant train blanc qui, chaque année, sabre en tous sens l'Inde torride et l'Inde glacée.

Les garden-parties, les courses sur la rivière, les gymkhanas, les carrousels, tout cela a fermé comme la foire. Les derniers Européens sont partis. La salle du trône, désencombrée, respire. Mais le palais de Kapurthala n'est que pour un jour silencieux.

Déjà, sur les tentes jumelées qui s'étendent à perte de vue et que, hier encore, pavoisait le drapeau britannique, flottent maintenant les étendards des souverains attendus. Déjà, des soldats aux couleurs de Kashmir, d'Alwar, de Bikaner, de Patiala, débarquent, escortant des coffres de bijoux qu'ils surveillent, armés jusqu'aux dents.

Pendant huit jours, d'heure en heure, des salves de coups de canon annonceront au peuple, massé sur ses maisons en terrasses, que dans sa petite capitale les plus grands princes de l'Inde ont débarqué. Et bientôt j'errerai, dans le palais qui peu à peu se transforme, avec mon veston, ma jaquette ou mon habit, comme un triste vestige occidental.

Le sport consiste à prendre une des autos du palais et à se précipiter à la gare avant le premier coup de canon.

Aussi à huit heures du matin, l'ami et le conseiller financier du prince, qui, d'origine égyptienne, est l'un des plus spirituels Parisiens de Paris, a-t-il frappé à ma porte. Il a sa tête des grands événements. En dépit de l'heure matinale, il s'est mis en redingote pour l'arrivée du Marahajah de Kashmir et dissimule derrière son dos un objet mystérieux. Soudain, avec un rond de bras, il me le montre : c'est un chapeau de soie. Il a fait tout le voyage depuis Marseille.

Nous sortons. Le huit-reflets sous le ciel embrasé éclate comme un diamant noir. Éblouis, tous les Hindous se prosternent. Sur les terrasses, les femmes écartent leurs voiles pour mieux voir. Je ne suis qu'en veston et n'ai pour coiffure qu'un casque. Aucune femme ne me regarde. Si j'avais su...

C'est le même rite que pour l'arrivée du vice-roi, mais combien le spectacle diffère!

Un peu en avant des princes, le Maharajah, infatigable, attend. Un serviteur, l'abritant, soutient des deux mains le haut et fulgurant parasol qui s'ouvre comme un soleil au bout d'une fusée d'or.

Un étendard hissé annonce le train. Canons, cuivres, tambours. Et derrière la gare, là-bas, sur toutes les terrasses, un afflux frémissant de voiles et de robes comme si, brusquement, tous les oiseaux du Punjab s'étaient abattus sur la ville.

Le train laqué est un immense coffret. Chaque portière s'ouvre comme un écrin. Des bijoux en sortent. Voici le prince : sur son turban brille l'aigrette royale. Ses joyaux accrochent le soleil. Il rutile un instant dans l'encadrement du coffret ; derrière lui, de jeunes officiers flamboient. Ce n'est plus un quai de gare, c'est une scène : le prince descend comme d'un praticable.

Pourquoi les trains existent-ils au pays des rajahs? Ceux-ci devraient, comme dans les contes de fées, descendre du ciel assis sur le tapis magique. Il n'y a donc plus de dragons pour transporter à travers les airs les rois accroupis dans leurs robes persanes, sous l'aigrette multicolore?

Maintenant, de toutes les portières, surgit un corps de ballet. Les figurants sont jonquille, safran, orange, incarnat, coralin, pourpre, indigo. Et tous, à la suite de leur prince polychrome, montant dans des autos qui prennent des airs de corbeilles, traversent la petite ville rose de monde comme un cortège de papillons.

MUSIQUE

Les vautours de l'antique palais rose se sont envolés, chassés par des milliers de flammes courtes qui dansent dans des veilleuses de couleur. Leurs petites âmes émues errent le long des tours, suivent les terrasses, bougent sur les portiques et font vaciller, dans la nuit lunaire, un tremblant palais de lucioles.

Mais à l'intérieur, l'électricité brille de sa lumière immobile. Le salon miroitant fait presque mal aux yeux.

Comme il est charmant, pourtant, tout entier en vieux cristal, avec ses reflets de perle et de nacre! Sous le feu des lampes, murs et plafond jouent comme un prisme.

La longue salle ferme sur une niche de cristal rose. Là, dans sa robe d'argent vert, assis sur ses jambes repliées, un jeune chanteur de treize ans, gras comme une prima donna, chante d'une voix aiguë. Cinq rangées de médailles battent sur sa poitrine gonflée. Il est célèbre dans toute l'Inde. Figés, les princes l'écoutent, statues de gemmes.

Énervante et décevante musique. J'essaie de comprendre ce chant inconnu, mais c'est un fil que l'on suit et qui se casse. Une mélopée et soudain des cris. L'exaspération de la note trop tendue. Des cris aigres, stridents, presque intolérables, comme la lumière trop vive de ces murailles à facettes. Puis le chant retombe, triste, accablé, morne. C'est une litanie qui souffre et qui se traîne, blessée ; une longue plainte, un désespoir si funèbre que la mélodie ne chante plus, elle pleure. Parfois, la musique soupire, halète, comme une bête, puis s'apaise. Une fois encore, elle éclate : l'on dirait une mélopée trop monotone qui a piqué une crise de nerfs. Soudain un rappel de notre musique classique : on s'y raccroche, mais cela se dissout. Le rythme s'accélère, hystérique, et retombe. Est-ce sensuel? mystique? Comment comprendre?

Il faudrait avoir ces longs yeux lourds, ces teints d'ombre, ces bouches violettes et, derrière soi, des siècles d'émotions différentes et un ciel peuplé d'autres dieux.

EAST IS EAST AND WEST IS WEST

Le rythme du palais a changé. L'hôte raffiné qu'est le Maharajah s'est conformé aux usages de ses invités nouveaux, avec sa plastique politesse orientale.

Sans doute, dans le palais, sur d'étroits guéridons, des pendules, plates comme des montres, continuent à mesurer la journée, mais c'est leur affaire. Dans un pays où tout n'est qu'apparence, où, lorsqu'un temple se désagrège, on le laisse pieusement s'écrouler, où l'on ne lutte jamais contre le temps, quelle importance une montre a-t-elle? Ce n'est jamais qu'un bijou de plus.

Durant la semaine anglaise, le château et les pavillons s'endormaient à heure fixe. De minuit à minuit et demie, toutes les fenêtres passaient de l'or au noir. Maintenant, des fenêtres blondes de lune alternent avec des fenêtres électriques.

Naguère, chaque matin, j'apprenais qu'il était huit heures lorsque, de mon lit, mêlés à des bruits d'éperons, j'entendais les « Hello! old boy! » « Morning, General! » ou « Gorgious Day! » Je savais qu'au moment précis où flotterait jusqu'à ma fenêtre ouverte une réconfortante odeur de « bacon », il serait huit heures et demie, et que le parfum de « Virginian » s'exhalant après le « breakfast » marquerait exactement neuf heures.

Depuis deux jours, je ne sens plus rien et je n'entends plus rien. Quand, la veille, j'oublie de remonter ma montre, je ne sais plus jamais l'heure qu'il est. Mais vers dix heures, dix heures et demie ou onze heures, des pas souples et comme feutrés, des bruissements de robes qui, chaque fois, donnent l'espérance de jupes de femmes et, en place du cordial « Hello! » des voix endormeuses et chantantes.

La semaine dernière, un aide de camp en turban, mais vêtu à l'européenne, entrait chaque matin chez moi pour m'avertir, d'une voix un peu fébrile, que le déjeuner serait à une heure précise. Aujourd'hui, en robe d'azur, je le vois réapparaître, m'annonçant avec une sérénité retrouvée que l'on m'attend au palais dans les environs d'une heure.

Le Temps, ce personnage occidental, est monté avec sa faux dans le dernier train européen.

L'atmosphère aussi a changé. Un certain abandon règne, mais ce n'est pas de la fantaisie, c'est du détachement.

Aucune morgue. Tout est pompeux, mais plus rien n'est officiel. L'étiquette a remplacé le protocole. Et à la table où, il y a quelques jours, présidait en tunique rouge la dignité britannique, trône à présent, en robe de soie, la belle sérénité orientale.

RÉMINISCENCES

Une des larges terrasses du palais s'est transformée en parvis de prières. Un velum de soie rose et or l'abrite.

Les princes, les mains aux genoux, assis dans leurs robes chatoyantes, inclinent leurs turbans diaprés. Devant eux, des robes blanches que surmontent des crânes rasés et des masques ascétiques : les prêtres.

Un patriarche se lève. Son front peint s'orne de jasmin, un collier de fleurs de frangipane lui tombe jusque sur les pieds. Il psalmodie d'une voix aiguë dans sa longue barbe blanche et se dirige, suivi du Maharajah, vers une gigantesque balance d'argent dont l'un des plateaux, lourd d'offrandes, touche le sol. Soutenu par les prêtres, le Maharajah se pose un instant, hiératique, sur l'autre plateau.

L'impression d'avoir déjà vu cela, exactement vu cela, mais où? Soudain, je comprends : Ceylan, la Jungle, les ruines millénaires de Pollanarua, une stèle gravée qui date de quarante-deux siècles, et mon guide m'expliquant ce que je viens de voir : « Le sage roi Kirti-Nissanga se faisait peser dans une balance d'argent, afin de donner cinq fois le poids de son corps, en pièces d'or et de bronze, aux pauvres de la cité. »

LE PREMIER MAI

Demain, c'est le Jubilee-Durbar, mais ce soir, c'est le grand banquet des princes, le banquet de l'État.

Les immenses tables sont dressées dans le Durbar-Hall du palais, un vaste quadrilatère dont les murs de stuc sont ornés de portraits d'ancêtres. Une galerie, qu'interrompent des moucharabiehs, court autour de la salle, qui est la salle du trône. Les longues tables semblent des parterres de fleurs.

Je repère ma place pour ne pas me

tromper tout à l'heure. Bouddha veuille que je sois à côté de quelqu'un qui parle anglais! Mais c'est mieux encore, je pourrai parler français : je suis entre deux fils du Marahajah.

Je regagne mon pavillon. Je croise des serviteurs affairés transportant des étoffes, des pages transportant des turbans. J'ai l'impression qu'il s'agit d'un bal costumé : « On est prié de venir en Hindou ». Je surprends des bribes de conversation. On dit : « Le Maharajah de Kashmir met ses perles », ou « Le Maharajah de Patiala met ses diamants », exactement comme, chez nous, l'on dirait : « Mme X... sera en Petit Chaperon rouge », ou « Mme Y... en Pierrette ».

Plus qu'une heure pour m'habiller. Pourvu que le tailleur du palais m'ait livré ma robe!

Oui, la voilà sur mon lit. Elle fait une large tache d'or, à côté de mon turban, qui ressemble à une pivoine. Je regarde tout cela avec méfiance : ma robe ne m'allait pas très bien et le turban ne me va pas du tout. Il manque de chic, il n'a pas l'air improvisé. J'aurais dû demander au tailleur de me le draper sur la tête. Il a cet aspect consterné qu'ont les cravates toutes faites. Pourtant, ce matin, à déjeuner, le Maharajah, avec une bienveillance malicieuse, a gentiment insisté pour que j'arbore le vêtement national. J'hésite au bord de mon costume comme, au bord d'une piscine, la première fois que l'on va plonger.

La porte s'ouvre. Derrière son monocle, c'est mon ami l'Égyptien de Paris. Sur son crâne un turban rigide a l'air de fermer à clé. Il porte, sur un pantalon de soie blanche, une robe qui semble d'or massif. Sa présence fait du tort au lustre.

— Dépêchez-vous, s'écrie-t-il. Vous n'avez plus que vingt minutes. C'est beaucoup plus long à mettre qu'on ne croit, ces machines-là.

Il ressort allègre, dans un bruit triomphant.

Soudain fébrile, j'enfile le pantalon,

je passe la robe dont le parfilage d'or, sur la peau, me fait frissonner. J'enfonce le turban. Je me campe, une main sur la hanche. Je me regarde dans la glace : j'ai l'air d'un marchand de tapis ; c'est une catastrophe ! Je ne peux pourtant pas me faire un fond de teint! Je m'assieds, épuisé.

Je me retourne : un serviteur est devant moi, — on ne les entend jamais entrer. Il me tend un billet : le second fils du Maharajah de Bikaner m'attend dans ses appartements pour me poser un turban rajpute. Sauvé.

Je me précipite au palais. Je me perds dans les couloirs. Je me trompe de porte. Enfin, je trouve. Juvénile, le prince m'attend, devant un feu de bois qui fait briller son teint de cuivre.

En m'apercevant, il esquisse un sourire qui se fige :

— Votre turban, me dit-il, est épouvantable.

— Je le sais bien, fais-je, résigné.

J'ai peur que ce ne soit pas tout à fait la faute du turban.

— Nous allons arranger cela, me répond-il.

Il enlève d'une table une cravache, un fusil, une paire d'éperons, un « whisky and soda » et un médaillon d'enfant :

— Mon fils, me confie-t-il.

Je contemple avec stupeur ses dix-huit ans.

Il frappe dans ses mains. Deux serviteurs entrent portant quelques mètres d'écharpe qu'ils tendent à travers la pièce. Ils ont l'air de la mesurer. Anxieux, je demande :

— Vous allez me poser tout cela?

— Renversez la tête, commande-t-il, et ne bougez pas.

J'obéis, atterré.

Il m'appuie sur le front une étoffe qui crisse et qui me gratte ; puis, avec une vélocité incroyable, de ses mains longues et ambrées me fait un vertigineux pansement qui escamote l'étoffe. Une brusque migraine. Il se recule et me contemple avec un sourd désespoir. Il revient vers moi, renverse son échafaudage et recommence ses passes. Quelque chose pend derrière ma nuque qui me gêne. J'étends la main.

— N'y touchez pas, s'écrie-t-il. Il ne faut toucher à rien. Voilà, c'est bien. Regardez-vous.

Je n'ose pas lui dire que je n'ose pas. Il me tend un miroir.

— Eh bien, me demande-t-il, avec l'orgueil du créateur, qu'en dites-vous?

— Au visage près, lui dis-je, c'est ravissant.

— C'est mieux que tout à l'heure, corrige-t-il.

Et il ajoute avec un sourire :

— Je vous demande de conserver le turban comme un petit souvenir, pour le cas où vous auriez envie de vous en servir à Paris.

Je le remercie avec effusion, mais je ne le remettrai plus jamais. Je suis guéri!

PREMIERS PAS

La nuit est lumineuse et tout le parc éclairé. Des courtisans, des officiers, des serviteurs vont et viennent. Quelques mètres à peine me séparent du palais. Je n'ai qu'une distance infime à franchir, mais j'ai l'impression d'être encore à la guerre, que le coin est repéré. L'envie de procéder par bonds successifs. Je me dis :

— Si quelqu'un éclate de rire, je rentre et me couche.

Je sors dans la nuit électrique. Un

froid brusque : l'impression de ne pas être vêtu. J'éternue. Et cette chose, derrière moi, qui me suit... Personne ne rit. Je le regrette : j'aurais préféré cela à cette stupeur. Mais, à la porte du palais, les soldats, devant l'hôte inconnu que je suis devenu, portent les armes : cela me redonne confiance. Je n'ose pas toucher à ce qui flotte derrière moi et me gratte la nuque.

Un petit salon, voisin des salles de réception, a été, comme chaque soir, transformé en bar. Mais cette fois le bar est désert, et les flacons s'alignent, incompris, devant les verres vides.

— Faible ou fort? me demande un maître d'hôtel.

— Très fort, dis-je.

Je me sens mieux.

Je voudrais bien trouver mon mouchoir. Je sais qu'il est dans ma robe, avec mon porte-cigarettes. Je sens tout cela à travers le drap froid, mais je n'arrive pas à repérer mes poches. Je me souviens d'un geste que faisait Victor Boucher au troisième acte des « Nouveaux messieurs », et qui nous amusait tant, Robert de Flers et moi : ouvrier devenu ministre, et pour la première fois de sa vie en vêtements officiels, il cherchait constamment les poches de son veston sur sa redingote hermétique.

Je pénètre dans les salons. Les invités sont déjà là. Tous les visages se tournent vers moi avec une curiosité que je n'ose pas interpréter. Des gens ne me reconnaissent pas, cela me flatte. Mais on doit trouver que j'ai bien mauvaise mine.

Une des grandes glaces du salon s'acharne à me faire des tours : chaque fois que j'esquisse un geste, un Hindou livide s'amuse à le répéter. Je regarde de plus près. J'aperçois un monsieur maigre en robe d'or et coiffé d'une poule faisane : c'est moi.

Il n'y a plus qu'à en prendre son parti!

LES MILLE ET UNE NUITS

Débarrassé de moi-même, j'examine la foule bigarrée.

Quelque chose, autour de moi, flotte, improbable ; le contraste peut-être, de ces salons français et de cette assistance orientale. C'est comme une féerie des « Mille et une Nuits » qu'on ne jouerait pas dans le décor. Tous ces personnages chatoyants, les yeux fixés sur la large porte par où entreront les princes, me font l'effet de figurants qui, dans une revue à grand spectacle, attendent les vedettes.

Soudain, une rumeur, un brouhaha suivi de silence. Les figurants se rangent et font cercle. La porte s'ouvre à deux battants. Suivi de son fils aîné, le prince héritier, et de son gendre, le jeune Rajah de Mandi, voici notre hôte. En dépit de leur apparition somptueuse, j'ai le sentiment qu'ils se sont volontairement assourdis, pris entre le désir de faire honneur à leurs invités et la crainte de les éclipser.

Les princes maintenant vont se suivre à quelques minutes d'intervalle. J'ai beau savoir que ces arrivées échelonnées ne sont dues qu'à l'opinion personnelle que chaque Altesse a sur l'heure, j'ai l'impression que ce sont des « entrées de théâtre ». C'est une obsession. Tout y contribue : la prestance des Maharajahs, leur démarche, le fabuleux déploiement de leur luxe. Cela fait tableau final, apothéose. Il me semble que j'assiste aux « Couturiers » d'une féerie. L'on a envie de faire recommencer certaines entrées, pas tout à fait au point. Mais le plus souvent l'on souhaiterait applaudir.

Je m'amuse à les baptiser.

Voici « l'Aurore sur la neige ». C'est l'entrée du Maharajah de Kashmir. Il s'est habillé dans une conque : il est rose, nacré, irisé. Il brille comme l'aube sur les glaces de l'Himalaya. Pas une pierre, rien que des perles, mais si rondes, si pures, si parfaites que, partout ailleurs, elles seraient fausses. Il n'est pas une bijouterie du monde dont l'étalage pourrait lutter avec sa poitrine. L'écharpe aérienne de son turban flotte derrière lui comme une voie lactée.

Ses aides de camp sont rose-thé, lavande, gris argent, lilas. Chacun d'eux a l'air d'un nuage. Tous arborent, sur l'épaule ou sur le turban, le médaillon de leur prince, comme les dames de la reine d'Angleterre portent le portrait de leur souveraine.

Le Nawab de Palanpur passe trop vite. Je n'ai vu qu'un beau visage grave et une batterie d'émeraudes.

« Au Pays des Magiciens ». C'est le Maharajah Jam Nagar. Il a l'air d'un sorcier impérial. Une couronne lunaire surmonte son visage rond taillé dans un grape-fruit. Il s'appuie sur une canne de rubis, et sa robe ardente coule de lui comme une lave.

« Les Éruptions célèbres » : la porte s'est embrasée. On ne fait pas : « Oh! » mais c'est tout juste. C'est le Maharajah de Patiala. Il ressemble au roi de pique et à François Ier. A son cou brille le collier de diamants de l'impératrice Eugénie, mais il se perd parmi toutes les rivières qui ruissellent sur ses larges épaules.

Un élastique retenant sa sombre barbe en éventail indique qu'il a fait le pèlerinage sacré. Il a un teint d'ombre, des yeux impérieux d'idole, une bouche saignante et porte, barrant son turban qui part comme un feu d'artifice, quelque chose comme la couronne de Charlemagne. Des gouttes de diamant retombent jusque sur ses yeux. Tous les lustres convergent vers lui. Il accapare la lumière et la diffuse. Il est immense. Il tient la scène. Il résume l'Inde des rajahs. Derrière lui, je cherche ses officiers. Je ne les vois pas. Je ne vois plus rien : j'ai le regard aveuglé.

Un entr'acte... Un entr'acte long. Décidément nous sommes au théâtre.

Voici une allégorie : les Dieux de l'automne. C'est le Maharajah de Bikaner et ses deux fils. Différentes, leurs robes, aux nuances étouffées, s'harmonisent. Je ne me lasse pas d'admirer leur sobriété élégante, ces soies havane où courent des frissons d'or, l'éclairage fauve de leurs turbans jaspés, ces ors brunis, rouillés, ces ors aux lueurs d'étain. Ils sont vêtus comme des coqs de bruyère. Toute cette symphonie, ardente et retenue, transporte l'imagination loin des Indes, évoque des splendeurs de chez nous, des embrasements de forêts en octobre.

Pourtant, qu'ils sont bien de leur race, de cette race royale de Jodhpur dont leur profil porte l'empreinte! Il entre avec eux quelque chose d'intrépide, et leur teint brûle encore du vent de leurs courses et de leurs chasses au désert.

Un chuchotement. Des invités s'avancent, quelques-uns reculent. Très jeunes, deux hérauts apparaissent qui s'immobilisent de chaque côté de la porte. Leurs turbans les grandissent encore. Sveltes, dans leurs robes fluides, ils montent comme des jets d'eau. Ce sont des aides de camp du Maharajah d'Alwar. Leur regard sauvage, où je crois lire un peu d'angoisse, épie l'arrivée de leur maître. Le voilà.

Je n'aperçois tout d'abord que deux prunelles magnétiques, deux yeux striés de jaune, deux yeux de tigre. J'ai un peu froid dans le dos. Gengis-Kan devait avoir ce visage-là, un cruel visage d'empereur mongol, dont le Maharajah a du sang. De petits lustres de diamants brillent à ses oreilles. Un sourire ironique et féroce éclaire son pur visage de barbare.

Pas de turban, mais une toque bleue,

cloutée d'étoiles, et une robe nocturne, semée d'astres. Des pierres rouges et vertes bossellent ses doigts gantés. Il émane de lui comme une sombre lumière. Il ressemble au Prince de la Nuit.

Après lui, quelques rois passent, sacrifiés.

Dans l'immense salle du trône où le banquet a commencé, personne ne parle, tout le monde regarde. Les princes, à la table d'honneur, scintillent comme des arbres de Noël. Chaque Maharajah a derrière lui ses pages qui lui versent à boire.

Comme dans les contes de Perrault, des files de serviteurs passent, soutenant à hauteur de leur front des plateaux lourds de venaisons qui ressuscitent Gustave Doré. Le mot festin reprend un sens.

Là-bas, sur toute la longueur de la salle, vingt rangées de chaises où le public « admis » couve des yeux le public invité.

J'ai atterri en plein moyen âge. Les points de comparaison manquent. Je pense aux « Mille et une Nuits », au banquet de Charlemagne, au Casino de Paris, à tout ce que le prestige de l'histoire et les miracles de la scène mettent pauvrement à ma disposition.

Là-haut, des princesses trop invisibles contemplent, jugent et chuchotent derrière les moucharabiehs.

Tout cela, si hors du siècle, me donne une impression d'irréel et sans doute mon voisin en or, me réveillant en sursaut, va tirer brusquement la frange de mon turban pour me sortir de mon rêve.

LE DURBAR

La principale rue de Kapurthala traverse la petite ville qu'elle découpe comme un gâteau rose. C'est par cette voie étroite que va passer, se rendant au Durbar, le cortège.

Le peuple entier est sur les toits.

Les éléphants sur lesquels prendront place le Maharajah, le prince héritier et les princes sont transformés en salons. L'escalier qui monte au boudoir est appuyé sur un tapis d'or. Un parasol d'or sert de plafond.

Je voudrais voir les princes gravir les éléphants, mais j'ai peur de rater l'atterrissage devant la cour d'honneur du palais rose. Les dallages du vaste quadrilatère disparaissent sous un tapis bleu de roi galonné d'or. Les colonnes du dais sont en or. Les notables des villes et villages dont le Maharajah est suzerain remplissent la petite place, assis sur leurs jambes repliées. Ils ont mis leurs habits de fête. Leurs habits de fête sont en or. Face au trône, une terrasse du vieux palais est affectée aux invités. Un velum bleu et or l'ombrage.

Tout cela flamboie. Il y a trop d'or, j'aurais dû emporter mes lunettes.

Je sors du palais pour voir l'arrivée du cortège.

Sur toute la longueur de la rue, des soldats bleu et blanc contiennent le peuple rose. Les fenêtres et les toits sont roses de voiles, de robes et de turbans. Tout paraît rose, d'un rose diapré : l'impression qu'il a neigé des roses toute la nuit et que la ville s'est réveillée sous des pétales. Et pourtant, ces turbans, ces voiles ne sont pas tous roses, mais ils se fondent dans cette universelle symphonie.

Le canon. Tout là-bas, le couloir de la rue s'est obstrué, bouché par un monstre d'or : c'est le premier éléphant Ils sont cinq qui se suivent à ving mètres. Ce sont des temples qui se déplacent.

Au premier coup de canon, les personnages surdorés se sont dressés dans la cour du Durbar. Maintenant, le Maharajah paraît : tous les vassaux venus des collines ou de la plaine remettre entre les mains de leur prince leur hommage, inclinent leurs turbans jusqu'au sol. Il semble qu'un vent rigoureux ait courbé un champ de pivoines.

Penché sur la balustrade de la terrasse, où ma jaquette met une tache d'encre, j'écoute le discours du prince. Les mots étrangers m'arrivent, chantants, un peu gutturaux, incompréhensibles comme leur musique. Mais je comprends les visages.

En sortant du Durbar, le Maharajah

de Kapurthala emportera mieux que des serments imposés et des présents rituels. Il emportera une offrande plus libre, plus belle, plus chaude : l'amour d'un petit peuple heureux.

Quelqu'un me touche l'épaule : c'est le capitaine qui m'a accueilli la nuit de mon arrivée. Il me rappelle que je pars pour Lahore avant le dîner, et qu'il est temps que je m'apprête.

Je traverse à nouveau la petite ville, plus rose encore sous l'adieu du soleil. Maintenant, les soldats bleu et blanc occupent seuls la longue rue étroite : tous les badauds ont réussi à se poster sur les toits. Les oiseaux ne savent plus où se mettre. Assiégées, les terrasses, contre le ciel, sont ton sur ton.

Dans peu d'instants, le rose de l'horizon et le rose de la ville, déjà si tendrement fiancés, s'embraseront dans une brève étreinte. Puis, ce sera la nuit presque blanche, et soudain toute bleue et or, sans que l'on sache à quel moment.

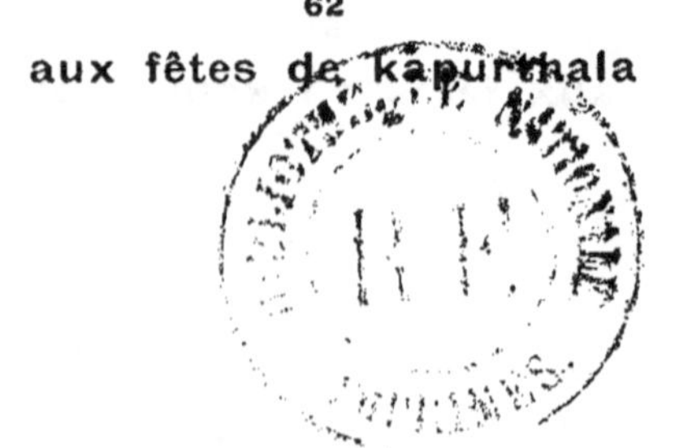

ACHEVÉ D'IMPRIMER
LE 25 SEPTEMBRE 1929
POUR
LES ÉDITIONS KRA
56, RUE RODIER, A PARIS
SUR LES PRESSES
DE
R. ET P. DESLIS A TOURS

Edition originale

www.ingramcontent.com/pod-product-compliance
Lightning Source LLC
LaVergne TN
LVHW050430160826
845677LV00002BA/644

* 9 7 8 2 3 2 9 6 8 2 2 1 1 *